봄꽃의 노래

봄꽃의 노래

이춘화 시집

도서출판 두손컴

| 시인의 말 |

시를 쓰는 마음은
화분에 씨를 뿌려
꽃을 피우는 일과 같음을
황혼길 접어 들고서야
알게 되었다

꽃 한 송이 피워놓고
창창 푸른 꽃밭을
그려보는 일은

아직 더 써야 할
마음이 남았다는 뜻이리라
그 마음 전하며

담담하게 걸어가는 이 길에
길잡이가 되어 주신
모든 분들께 감사 드린다

2024년 늦가을

이 춘 화

시인의 말 • 5

| 차례 |

제1부

거미 줄 • 13
가을 • 14
귀향歸鄉 • 16
그 소리가 그립다 • 18
그 시절 육아법 • 20
그리운 감나무 • 22
꽃 • 23
꽃이 전하는 말 • 24
나비 소식 • 25
냉이꽃 필 무렵 • 26
나팔꽃 길에서 • 28
노숙 고양이 • 29
농부가 되어 • 30
다림질 • 31
단절 • 32

제2부

달개비 꽃 • 35
단풍 • 36
달무리 • 38
달콤한 추억 하나 • 39
댑싸리를 보며 • 40
뜨개질 하는 남자 • 41
뜨개질 • 42
마음에 바르는 약 • 43
막걸리 한 사발 • 44
매미성 앞바다 • 45
벼랑 끝에 선 소나무 • 46
길동무 • 47
벽화를 그리다 • 48
봄까치꽃 • 49
춘흥春興 • 50

제 3 부

봄날 • 53
불면의 밤 • 54
붕어빵 • 55
비 오는 날의 시선 • 56
사람의 향기 • 57
사랑의 힘 • 58
산골 마을 • 59
새로운 맛 • 60
새에게 들키다 • 62
섬 • 63
세월의 흔적 • 64
시금치 한 단 • 65
시래기를 삶으며 • 66
쓸쓸함에 대하여 • 67
아름다운 여행 • 68

제 4 부

아버지 • 71
아이스 께끼 • 72
어떤 편지 • 73
업고 업히다 • 74
여름 풍경 • 76
엄마와의 시간 • 78
여름 한나절 • 79
옥수수 인형놀이 • 80
열매가 익어서 • 82
옥잠화 앞에서 • 83
잎새 하나가 • 84
자갈치 풍경 • 85
잡초 • 86
제주 휴양림에서 • 87
제주에서 억새가 되어 • 88

제 5 부

조각보 만들기 • 91
조막손 사랑 • 92
준비 없는 이별 • 93
지하철에서 • 94
찻잎을 따며 • 95
처방전 • 96
추억을 사 오다 • 97
친절한 안내문 – 쑥이 아니라 국화랍니다 • 98
탄생 • 99
탱자 • 100
폭염 • 101
할머니의 귤 봉지 • 102
해국海菊 앞에서 • 103
햇살이 머물다 간 자리 • 104
행복이란 • 105
흔적 • 106

| 작품 해설 |

시적 아름다움과 긴장감
– 이춘화 시집 『봄꽃의 노래』를 읽고
– 변종환(시인 · 부산광역시문인협회 제16대 회장) • 109

제 1부

거미 줄

한 밤중 머리맡엔
많은 시어들 나부끼지만
밤새 시 한 줄 엮지 못 하고
꿈속을 서성였는데

날 새자 창문 밖 빨랫줄에
멋진 시 한 편
촘촘하게 짜 놓은 행간 사이
아카시아 향기도 스며들고
구름 여유롭게 흘러간다

내 자는 동안 거미는
그 작은 가슴으로
이토록 아름다운 시를 엮다니

가랑비는 조롱조롱
운율까지 달았구나

그 속에 꼼짝없이 갇혀버린
나비 한 마리

가을

어름 한 낮
파도처럼 오만에 날뛰던
낯 선 도시에도
이제 옷깃 여미며
조금은 겸손해지려할 때

차창 밖으로 보이는
정다운 시골 풍경

회색 빛 나뭇가지에
수줍게 얼굴 붉힌 감 몇 개
가을걷이 한창인
노부부의 나른한 평화가 있는 곳

산 노을 향해
음매! 염소도 집을 찾는
마을로 다가가면

매캐한 내음 그 좋은 내음
엄마의 젖내 같은
가을이 타고 있다

아버지는
짚으로 둥지를 만드셨겠다
아버지의 구릿빛 냄새가 그립다
가을이 타고 있다

귀향歸鄕

쌔기* 오이소
갯내음 진한 사투리로 맞이 하는
언덕빼기 작은 마을 통영 동피랑 마을

욕심 없이 엎드린 작은 집들이
서럽도록 정다워라

사립문 안쪽에 들어서면
젊은 엄마가 애기에게 젖을 물리고
흰머리 할매의 다듬이질 소리가 들릴 듯 하다

돌 차기 놀이터에서
둔한 몸짓으로 폴짝폴짝 뛰어 보지만
신나는 아이들 소리 간 곳 없고
아이를 부르는 엄마의 목소리도 들리지 않는다

골목 골목 정겨운 벽화들이
추억의 등불을 밝히고
높은 집 큰 평수를 자랑하는 큰 길가 사람들이
사진기 하나씩 둘러 메고

미로 같은 골목길로 몰려들고 있었네

돌아오고 있었네
다시금…

＊ 쌔기 : 속히, 빨리 의 경상도 방언

그 소리가 그립다

비가 온다

양철 지붕 건반 내딛고서
여리게 세게
음표를 매달고 오네

엄마는 부엌에서
방아 잎 넣고 부추 전 부치시는가
고소한 소리

저 건너 무논에
개구리 울음
질펀하게 깔리면

울 아버지 마루에 앉아
노란 볏짚으로 새끼 꼬시더니
쑥대머리 한 소절 섞어
옹골진 둥구미* 하나 만들어내신다

엉덩이 깔고 앉아 새끼줄 빼느라
회색 재건복 바지 나달거림에
옷 떨어지니 그만 좀 하라는
엄마의 잔소리도
빗속을 타고 들려 오네

* 둥구미 : 쌀 등 곡식을 담는 짚으로 만든 그릇

그 시절 육아법

닷새마다 장이 열리면
곳곳에서 가져오는 곡식들로
싸전*을 여셨던 나의 부모님

동생들이 태어날 때마다
삼칠일을 못 쉬고
일터로 가신 엄마

등에 업혔던 아기
어디 갔나 보면
원두막 같은 가게
금빛 반짝이는 그릇들 옆에
쌔근쌔근 잠자고

쪽진 머리 모시 한복
곱게 차려 입은 할머니
부채로 살랑살랑
아기를 재우시던

미소 머금은 눈동자
사랑이었네

※ 싸전 : 쌀과 그 밖의 곡식을 파는 가게

그리운 감나무

사립문 열고 들어가면
장독대 옆 감나무 한 그루

초등학교 졸업식 날
상으로 받은 내 키만한 묘목

아침에 일어나면
장독 위에, 마당에 흩뿌려진
팝콘 같은 꽃들 모아서
꽃목걸이, 꽃팔찌 만들고 놀았지

단감 중에 왕 단감
주렁주렁 열리면
마루에 앉아 바라보시는
아버지 얼굴에
환히 미소가 번지던

온 가족 사랑 받던
감나무가 그립다

꽃

딱딱한 씨앗 한 알

오랜 시간
슬픔도 삼키고
미움도 삭히고

별빛을 모으고
이슬을 머금어

귀하고 고운말
전하러 오셨나

귀 멀고 눈 멀어도 들리느니

세상에서 이보다 더
아름다운 말 있을까

꽃이 핀다

꽃이 전하는 말

사람을 미워하는 것은
사랑하는 것보다
훨씬 괴로운 일이다

꽃도 그렇다
싫은 듯 내버려 두면
시든 몸짓으로
내 맘마저 시들고

가려운 곳 목마른 곳
쓰다듬고 사랑 주면

환한 미소로 물 조리 들고 다가와
메마른 가슴 촉촉이 적셔 준다

아무리 미운 사람도
사랑하고 볼 일이다

나비 소식

백일홍 꽃밭에서
나랑 놀던 나비들

동생이 사다 준
꽃씨 속에
따라 왔나 봐

대문 열고 들어서는 택배 총각
얼굴을 스치는 나비에 놀라

"어머니 집엔
나비도 키우나 봐요"
"그래요
나비도 키운답니다"

총각 따라
대문 나선 나비 소녀
봄 소식 가득 안고
다시 찾아 오려나

냉이꽃 필 무렵

엄마 계신 요양병원 가는 길에
살랑거리는 냉이꽃
울 엄마 좋아하시겠네
길섶에 쪼그리고 앉았는데
봄볕 쬐러 나온 할머니 노래

"오라버니, 오라버니
우리 집에 오시더라도
나사이* 필 땐 오지마소"

벌 나비도 찾지 않은 때 이른 들판에
애잔한 노랫가락 맵싸하게 울려 퍼진다

냉이꽃 몇 송이 꺾어 엄마 손에 쥐어 드리니
"나사이 아이가?"
내 이름보다 먼저 부른다

"오라버니 오라버니
우리 집에 오시더라도
나사이 필 땐 오지마소"

온 방안 냉이꽃으로
보릿고개 그 시절 다시 돌아가
"너그 배 고프겄다 너그 배 고프겄다"

냉이꽃향기 코끝이 찡 하다

※ 나사이 : 냉이의 서부경남 방언

나팔꽃 길에서

길 가다 멈춘 곳
어린이 집 울타리에
잘 영근 나팔꽃 씨앗 받으며
"여기 나팔꽃 예뻤던가요?"
유모차를 끌고 가는 새댁에게 물었지
"네 붉은색인데 참 예뻤어요"

지금 꽃밭에선
멀리서 따라온 나팔꽃
걸음마 한창이다

대 세우고 길 내어 주지만
가끔은 길을 잃고 헤맬 때도 있어
손잡아 다시 일으켜
바른 길로 이끌어 주는 건
내 소박한 즐거움

그때 유모차에서
방긋 웃어주던 아가도
엄마가 터주는 길을 따라
아장아장 걸어가고 있을까

노숙 고양이

계단 밑에 숨어든 고양이
인기척에 놀라 잽싸게 달아난다
쫓기며 눈치 보며
가벼운 몸짓 더욱 앙상하고
빈집 찾아, 먹거리 찾아 헤매는
고단한 행로

늦가을 햇살 이불 삼아
잠시 졸음에 취해 보는데
한 시절
할아버지 무릎 위에 앉아
쌀밥에 고기반찬
포근하던 이불 속
꿈속에 그리워라

화려한 불빛 속
맛난 음식 넘쳐나지만
떠돌이 고양이 춥고 배고파서
서러움이 울컥 눈동자에 고인다

농부가 되어

서너 뼘 상자에 얻어 심은 벼 몇 포기
벼가 자라듯 내 맘도 같이 자란다
팍팍한 일상 지루하고 목마를 때
잠시 잠시 단비도 뿌려 주지

개구리 왁자하게 울어 주면 좋으련만
차 소리만 요란하고
벼를 처음 본 아이들 풀이라 하다가
겨우 쌀 나무로 알고 간다

노인들 시선이 멈춰지는
도심 속 작은 논에는
많은 얘기들이 수런거린다

머지않아 이삭을 보이는 날에는
허수아비도 만들어 세워야지
사람들의 정감 어린 말 한 톨, 미소 한 줌
묻어 둔 추억 한 되 거두는 날

올 농사는 대풍년이 아닐까

다림질

밤이 늦도록 파도는 솟구쳐
걱정을 끌어안고 주름살을 만든다

가난이 죄라고
힘없이 구겨진 자존심마저도
다시 일으켜 세우는 건
뜨거운 가슴뿐

갈매기 날개 짓으로
열리는 아침

일렁이는 숯덩이 가슴 안고
어부가 간다
희망가를 부르며
거센 파도 잠재우며 간다

주름진 가난 반듯해 질 때까지

단절

나지막한 산과 산
서로서로 어깨를 걸고
영원히 떨어지지 않을 것 같이
간간이 산새 넘나들며 소식 전하더니
어느 날 갑자기
사람들은 산 어깨 한 쪽 잘라 놓고
빠른 소통 위한 길을 내었다네

산에 산에 나무들은
그 슬픔 이기지 못하고
서로서로 이쪽저쪽 기울어 보지만
다시 손 맞잡지 못 하네

새로 난 길 위로
차들만 쌩쌩 무심히 달릴 뿐…

제 2 부

달개비 꽃

예쁘지 않다느니
쓸모도 없다느니
뽑히고 밟히더라도

푸른 절개 꺾이지 말자고
따가운 햇살 아래
보란 듯 당당하다

얼음처럼 시리게
파란 눈물 뚝뚝 흘리며
아프게 아프게
피어나는 꽃

단풍

양지바른 길가 가로수 아래
노인이 혼자 앉아
누우런 댓잎 훑어
빗자루를 엮고 계셨다
노오란 은행잎
하나, 둘 떨어져 내리고
겨울을 향해
기인 이별여행을 떠나려 한다

나 지금 가을로 가는 길목에 서 있네

지난 여름 소낙비에 가슴 적셨고
어제는 한恨처럼 서리가 내렸지만
이제와 생각해보니
발효를 위한 시간이었네

아직도 설익은 마음
한껏 열어놓고
사랑으로, 용서로
쉼 없이 담금질 하려네

먼 훗날
누군가의 가슴속에
빛깔 고운 한 잎
단풍으로 남고 싶어서

달무리

시린 하늘 올려다보니
지붕 위에 아롱지는 저 달무리
커다란 눈동자에
그렁 그렁 눈물 고였네

섣달 보름 그 날도 그랬겠다
자주 드나들던 요양병원
코로나로 굳게 잠긴 문

홀로 가는 그 길이 얼마나 무서웠을까
잘 있거라 잘 가시라
한 마디 인사 없이 떠나실 때
소리 없는 눈물
달빛에 아롱져

가까이 다가와 굽어보시나요?
하늘가에
엄마 눈동자여

달콤한 추억 하나

덩그러니 혼자 남은 심심한 오후 한 때
국자에 보글보글 설탕을 녹인다
내 나이도 함께 녹인다
그 위에 소-다 한 점
꿈처럼 부푼다

꼬맹이 하교길 옆 정씨 아저씨 좌판
ㄱ자 별 모양 핀으로 침으로 마음 조이며
옹기종기 모여 앉던 우리들 세상

그때가 문득 그리워
열 두 살 아이가 되어
연탄이 아닌 가스레인지 위에
설탕을 녹인다
국자를 태웠다고 야단치던 엄마대신
학교서 돌아온 작은 녀석이

"어머니 유치하게 뭐하셨어요"

오늘은 아들에게 야단 맞는다

댑싸리를 보며

노을 빛 내려앉은 가을공원에

댑싸리 고운 빛으로
내 마음 활짝 연다

울 엄마 날만 새면
싸리비 들고
마당에 가랑잎
환하게 쓸었는데

오다가다 내 맘에도
걱정 같은 거미줄 자리 잡고,
눈물 머금은 서리도 쌓였겠지

연두야 주홍아
너 예쁜 그 손길로
내 맘속 작은 티끌
환하게 쓸어주렴

뜨개질 하는 남자

서면 로타리 나무 그늘 아래
손뜨개 모자 가방을 파는 남자
손가락마다 친친 감은 밴드
가느다란 실
쉴 새 없이 감고 빼고
지구 몇 바퀴나 돌았을까
쌓아 놓은 시간들
좌판 위에 가득

옆에서
술 마시고 놀고 있는 사람들의
시간까지 끌어와
촘촘하게도 엮는구나

머리에 쓰고 어깨에 매어
멋 부려 보아도

손마디가 아프다

뜨개질

길고 긴 시간의 끝을 잡고
눈으로 손으로 엮어 본다

잠자던 시간의 바늘들이
일제히 일어나
신나게 춤을 추네

머리 속 상념들
솜사탕처럼 일어나고
시간과 시간이 서로 악수하며
어깨동무를 한다

귀한 시간들을
정과 함께 엮어서
고마운 이에게
사랑하는 이에게
더 가까이 다가가고 싶어서

하루 해 저문다

마음에 바르는 약

주택가 조용한 골목 시끄러운 소리
낮은 지붕 흔든다

놀란 사람들 하나, 둘 모여 들고
이유를 알 수 없는 싸움은
할머니가 말리고
경찰관이 말려도
부채질이라도 한 듯
더욱 불이 붙었다

잠깐 집에서 나온 이웃 아저씨
싸우고 말린 사람들 팔에
뭔가 발라 주고 있었다

잠시 조용해졌다
분노를 삭히는 약이란다

막걸리 한 사발

생전에 아버지 좋아하시던 자색 국화
향기 품어 피었구나

막내야 술병 가져 오너라
밥상머리에 반주 따라 다녔지

엄마는 아침마다
국화 화분에 쌀뜨물 한 사발
정성 가득 막걸리 한 잔

돌아가셨어도 변함없는
엄마의 사랑

국화꽃 얼큰하게 취해서 피는구나

매미성 앞바다

엄마의 첫 기일에
찾아 간 매미성
해는 넘어 가고
보름달 둥실 떠올라

생전에
구름 한 자락 지나 갈 때마다
술술 읊으시던 시조 한 가락

"구름아 달 덮어라
부모 형제 날 생각한다"

오늘은 구름 한 점 없네요

그토록 무서워하던
태풍 매미 휩쓸고 간 자리
다시 고요한 바다
달빛 속에 온화하게
엄마 얼굴 비칩니다

오늘은 구름 한 점 없습니다

벼랑 끝에 선 소나무

흙 살 한 줌 없는 바위 끝에
발붙이고 서 있는 너

겨울 삭풍이 몰아쳐도
심한 가뭄에 목이 말라도
의연히 버티고 서서
푸른 자태 그대로 변함이 없구나

쓰러져도 손잡아 줄 이 없어
홀로 더욱 강할 수밖에

혹 소낙비 내리다 그친 후
무지개 타고
하늘로 오르는 꿈꾸고 있는지…

길동무

살아가는 길 위에
마음 한 자락 붙잡고 갈
길동무 있다면
가파른 먼 길도 즐거운 꽃 길

촉촉한 흙살에 기대어
꽃을 안고 살아도
꽃이 그리워
마당 둘레 담장에
물감 풀어 꽃을 그리네

백일홍, 나팔꽃, 코스모스…
그린 자리에
호랑나비, 범나비, 날아오르고
담장 타고 놀던 고양이
빙긋 쳐다보는 눈길

칠월 하루가 뜨겁다

벽화를 그리다

이사를 하고서
여덟 식구 모여 살던 옛집 그리워
무심하게 서 있는 낯선 벽에다
여러 가지 색깔로 말을 걸고 싶었다

장독대 옆 울타리엔
붉은 나팔꽃이 아이를 깨우고
초가지붕 위에선
박 넝쿨 구름 향해 기어오르고
코스모스 하늘거림에
고추잠자리 몇 장난을 거는
별빛 쏟아지는 밤
앞뜰에 나가 앉아 모깃불 피워놓고
아버지 구수한 얘기 들어 보려고

붓으로 그린 얘기 담벽 타고 노니는데
멀리서 새 한 마리
날개 펼쳐
휙 읽고 지나간다

봄까치꽃

까치가 하나 하나
별을 따다 놓았나

푸른 눈 반짝이며
돋아난 별무리

눈 소식 하늘하늘
날아 든 날도
파랗게 눈웃음 지으며
제일 먼저 깨어
봄소식 전하는

부지런한
봄까치꽃

춘흥 春興

땅속에선 바깥으로
뾰족뾰족 싹을 밀어 올리고

하늘에선
하르르 하르르 꽃눈을 뿌리네
움트는 나뭇가지 사이로 구르는
새들의 노래 소리 흥겨워라

나도야 봄꽃
가만있을 수 없지
쓱 보고 좋아 쫓아가다
몸보다 맘이 앞서
아뿔싸! 그만 발목을 삐었다

온 세상이 들썩들썩
들뜨는 봄

제 3부

봄날

지팡이 짚고 가쁜 숨 몰아쉬며
장에 나온 할머니
주머니 속의 지폐 서너 장 내밀어
오이 모종
가지 모종
봉지 속이 배 부르다

물컹한 가지나물에
시원한 오이냉국
여름 밥상을 준비 하는

할머니의 빛바랜 머리 위에
아까부터 벚꽃 한 송이
그대로 얹혀 있다

불면의 밤

밤 깊어도 잠은 오지 않고
생각을 베고 누워
빗소릴 듣는다
자박자박 걸어가는 소리
생각도 그 길을 따라 가보네
수많은 의문 부호를 달고서…

어디로 떠났는지 소리도, 빛도
깜깜한 밤
한 번 떠난 생각들
다시 되돌아오지 않고

밤을 새운 백지 한 장

붕어빵

인기가 있다는
아파트 분양 사무실 근처
길게 줄지어
붕어빵을 기다리는 사람들

아기를 등에 업은 여인은
쉴 틈 없이 붕어를 낚아 올리고

등에 달린 아기는
배고파 칭얼대는데
몸만 간혹 흔들어 줄 뿐
큰 가방을 맨
부잣집 사모님들
배 불려 주기 바빠
붕어만 낚고 또 낚고

비 오는 날의 시선

봄비 살근살근 내리는데
꽃눈 아직 뜨지 않고

기다림에 지친 나비 한 마리
꽃밭에 쪼그리고 살며시 앉아보네
매 발톱 잎새 위에 구슬 꽃 피었다
투명한 꽃 속 들여다보니
잔잔한 봄 파도 일렁인다

보라 꽃, 노랑 꽃 피우기 전에
꽃올 보는 맑은 눈 가져 보라고
봄비가 먼저 와서
꽃을 맺었네

사람의 향기

매화는 추운 시련 겪고 나와
알싸하고 맵싸한 향이 있고
국화는 한더위에 무르익어
달콤하게 농익은 향이 있지

꽃이야 한 계절 지나고 나면
그 향기 사라지지만

사람은
좋은 사람의 향기는
마음속에 오래오래 머물러
계절이 지나고 세월이 흘러도
곰삭아서 더욱 진한 향으로

마르지 않고 솟아나는 샘물처럼
가슴속에 고여 있는
그대의 향기

사랑의 힘

거센 비바람 몰아치던 날
지상의 생명 있는 모든 것
사시나무 떨 듯 하고
나 또한
창문에 눈을 걸고
건너 아카시아 나무 붙잡고 있다

큰 나뭇가지 하나 툭 부러지네
내 심장도 덩달아 쿵

작은 나뭇가지에 지은 까치집
서커스단 곡예 하듯
이쪽 저쪽 심하게 흔들려
꺾일라, 무너질라
노심초사 하였더니

찢기고 꺾인 나뭇가지 틈새에
까치둥지 그대로 남아있어
무서운 태풍도
그들의 단단한 사랑
차마 앗아가지 못하는구나

산골 마을

자연을 닮은 사람들이
도란도란 모여 사는 산골 마을
낯익은 풀꽃들이 맑은 얼굴로
건네는 인사 정겹다

노인들이 쉬는 정자나무 아래에도
순한 농부가 땀 흘려 일하는
밭고랑 사이에도
때 묻지 않은 가벼운 얘기들이
산등성 위로
새하얀 목화솜처럼
뭉게뭉게 피어오르는

더 이상 바쁠 것도
시끄러울 것도 없는
쉬어 가고픈
마지막 고향 같은 그 곳

새로운 맛

태어난 지 열 달
손녀는 간도 없이 밍밍한 이유식을
그냥 받아먹는다

당분도, 염분도
아직은 먹이면 안 된단다
안타까운 마음에
치즈 한 조각 입 속에
살짝 밀어 넣으니
조막손 휘저으며
더 달라고 아우성
며느리 몰래
내 먹던 홍시 한 숟갈 떠서 먹이니
하얀 젖니 드러내며 해맑게 웃는 모습

아가야 세상의 좋은 맛
다 알려 주고 싶구나

너로 인해
밋밋한 세상 한 자락에

적당히 간 밴 맛
때론 목젖까지 차오르는 달콤한 맛
이 새로운 맛으로
세상을 다시 읽어가는 중이다

새에게 들키다

남상 너머 감나무 가지에
앙증맞은 새 둥지

편백 잎 밑에 깔고
솔잎 촘촘 켜켜이 쌓아
예쁜 집 짓고
다섯 남매 올망졸망 낳아 놓았네
동박새인가 메추리인가
두근거리는 마음 감추지 못하고
다음날 다시 들여다보니
빈 둥지에 내 맘 무너져 내려

빨래 널다 보아버린 그날 후
어디로 옮겼을까
내쫓지 않았어도
훔쳐 본 죄로
텅 빈 집에
미안함만 서성거리네

섬

더 이상 가릴 곳도,
숨길 곳도 없는
보석 같은 섬 하나 반짝인다

푸른 바다 한가운데
작은 지도 같은 너

칠흑 같은 밤
집어 삼킬 듯한 고문이 덮쳐 와도
휩쓸리지 않고 올곧게 서서

망망대해
뿌리 깊게 박혀 있는

반짝이는 별 하나

세월의 흔적

이태원 가구 거리에
고가구 수리공

낡아서 떨어져 나간 부분을
닮고 손 때 묻은
세월 속 숨은 이야기까지
불러내고 있었다

노안을 동안으로 만든다는
성형외과 광고가
판을 치는 세상에

주름지고 해진 시간 속으로
끊임없이 걷다 보면
갓 쓰고 담뱃대 문 노인
만날 수 있을 것만 같다

시금치 한 단

젊은이들 북적거리는
남포동 번화가에
손수레 서 있고

앉은뱅이 의자에 앉은
할아버지 졸음에 드셨다

리어카엔
대야에 담긴
시금치 한 단

시무룩한 표정으로
할아버질 지키고

시래기를 삶으며

말려 두었던 시래기 한 꾸러미
솥에다 앉히고 묵은 시간을 불리면
할머니 냄새가 솔솔 풀려 나온다

날씨 청정하고 햇살 뜨거웠던 젊은 날
호미자루 옆에 끼고
밭이랑을 주름 잡던
그 푸르고 풀 센 무명 치마

한 걸음 두 걸음 박자를 맞추던 호미도
낡은 처마 끝에 걸렸구나

후줄근히 풀이 죽은 누런 무명 치마

세월의 두께만큼 깊은 정이
뭉근하게 전해오네
할머니 냄새

쓸쓸함에 대하여

나는 혼자 사는 노인 입니다

맘속에 갇힌 말 부릴 곳 없어
무작정 지팡이 닿는 대로 걸어 봅니다

꽃들이 방긋거리는
어느 집 문 밖에서
아주머닐 불렀지요
웬일인가 하고 그녀가 나왔어요

"꽃이 차암 예쁩니다"

그 한마디 던져 놓고 타박타박 걷습니다
갈 곳 잃은 말 들
지팡이로 꼭꼭 삼키며 갑니다

어디선가 아낙네들 수다소리
귓전에 가시처럼 걸립니다

나는 아흔 넷
홀로 사는 노인입니다

아름다운 여행

호스피스 병동에서
스무 한 살 청년이
암하고 힘들게 싸우고 있었네
마지막으로 하고 싶은 일
사랑하는 가족과의 여행이었다네
병원에서 마련 해 준 여비로
하얗게 눈 오시는 날
가족 함께 설악으로 여행을 떠났다네
파란색을 좋아하던 청년은
동해 바다 바라보면서
눈처럼 하얀 미소 지으며
눈 같이 포근한 가족의 품에 안겨
눈 녹듯 아스라이 사라져 갔다네

여행을 떠난 지 네 시간 만에
아름답고 영원한 여행길로…

제 4 부

아버지

텔레비전에서 어느 여가수
애끓는 표정으로 눈물 글썽이며
아버지, 란 노래를 부른다
관객도 울고 나도 울고

아버지 돌아가신지 사십 여 년
아린 추억 하나
객지에 돈 벌러 간 딸 아팠더란 소식에
어느 휴일
엄마 부르며 들어선 고향집
'몸은 괜찮나?'
맨발로 뛰어 나오시던 아버지

들판에 짚 풀 노랗게 익을 때면
더욱 생각나는
그리운 아버지
그때 그 맘처럼
꿈속에라도 한 번 찾아오신다면
맨발로 달려 나가
눈물로 반갑게 맞을 텐데요.

아이스 께끼

새래시장에서
"아이스 께끼 아이스 께끼"

멀리서 유년의 기억을 깨운다
설마 요즘 아이스 께끼 장수가?
잠시 후
등에 커다란 나무통을 짊어진 사나이
영화 속 한 장면처럼 나타났다

나무통에 쓰여진
'추억의 아이스 께끼, 따라
마법에라도 걸린 양 따라 나선 나
장 볼 생각도 잊은 채
지나는 사람 표정 살피고
그 추억 녹을까 봐 찰칵

아이스 께끼 한 통
통째로 장 봐 왔다

어떤 편지

활처럼 등이 굽은 노인이
어깨에다 물건을 주렁주렁 매달고서 오셨다.
반가운 마음에 얼른 파리채 하나를 샀다

지금 어머니가 오신다면
버선발로 뛰어나가 반기겠지만
이제 돌아올 수 없는 길 가시었다

생전에 척추를 다쳐
파리채 하나로 무거운 세월 건너시더니
돌아가시기 전
그토록 보고파 하셨다던 둘째 며느리
바로 달려가지 못한 죄로
반성문 수없이 써 보지만 전할 길 없고
하시고 싶었던 말씀 허공에 흩어져
돌아오지 않는데

노인이 전해 준 파리채 하나가
내 가슴을 아프게 때리고 있다

업고 업히다

형제자매 단톡 방에 올라온
60년대 북한의 흑백 사진 한 장

예닐곱 단발머리 아이가 동생을 업고
표정 없이 서 있어
어릴 적 내 모습 같아

"아우야 나도 널 업고 논에서 일하는
엄마한테 젖 먹이러 가다가
돌부리에 걸려 넘어져 다친 적 있었지"

한참 아래 막내가
"누군가는 날 업고 둠벙에 빠뜨렸지요"
막내를 업었던 동생이
"그래 막내야 나는 그때 니가 죽는 줄 알고
얼마나 떨었던지 모른단다
그 때 그 일로 트라우마는 없었더나?"
막내는 말이 없네

업고 업히던
그 끈끈한 삶의 고리
이제는 흑백 사진 속
전설이 되어 버렸다

여름 풍경

따가운 햇살
유리알처럼 부서져 내리던
고성읍 부름 냇가

노지의 아이들 물속에서 첨벙거리고
여인들은 방망이로 힘든 삶을 다독였다

커다란 드럼통에 장작불 지펴
십 원이나 이십 원에
빨래 삶아주는 여인도 있어
온 동네 옷가지들 한 솥 안에서
하얀 거품 일으키며 근심 같은 때를 녹였다

땀내 나는 아버지 옷에, 젖내 나는 동생 기저귀까지
맑은 물에 헹구어 돌밭에 널어놓고는
고무신 벗어 들고 물방개를 잡다가
잠자리 떼 부르는 냇둑을 달리며
찔레 순 연한 순에 배고픔도 잊은 채

우리들 동심은
한 여름 햇살 아래
향긋한 찔레꽃으로 피어났다.

엄마와의 시간

오래 전 여름날 저녁
학교 운동장에서
엄마는 일곱 살 딸에게
누가 빠르나 달려볼까?
있는 힘 다 해 달렸지만
서른 살 엄마를 따라 갈 수 없었지

젊고 날쌨던 엄마의 머리엔
어느새 하얗게 눈이 내리고
내 손 잡은 나들이 길이
뒤뚱뒤뚱 더디고 더디다

엄마 느려도 좋아요
바삐 걸을 생각일랑 마세요
지금처럼 천천히 걸어요
엄마와의 시간이
빨리 가 버릴까 겁이 나요.

여름 한나절

꽃들의 안부가 궁금하여
화단에 나가보면

저마다 예쁜 얼굴
더운 기색 하나 없이
색색으로 인사하고
십 리 먼 길 달려 온 나비
지치지도 않는데

화단 가에 줄 지어 선
채송화를 송이송이 세다가
호랑나비, 범나비 사진에 담다 보니

마른하늘에도 비가 오네
내 얼굴에 소나기

옥수수 인형놀이

세자매가 모여 앉아
옥수수 껍질을 벗긴다
새하얀 얼굴 드러나고
갈색 머리카락 예쁘다
까만 구슬 눈 두 개
빨간 단추 입술 하나 새겨 넣고
머리카락 종종 땋으니
어여쁜 아가씨

"언니야 이름은 무얼로 하지?"
"음 옥수수니 옥순이 하자"
둘째 동생이
"옥순이는 아버지 첫사랑이잖아
만주 거쳐 이북에서 헤어져
배 타고 오셨다던"
"그래 맞아 나도 들은 적 있었어"

남편들은 소원 풀었네 하고
한바탕 웃음

옥순이 옥순이
하늘나라에서 만났을까
울 아버지 첫사랑

열매가 익어서

나뭇가지에서
열매 하나 툭 떨어지네

아기 엉덩이같이 예쁜
복숭아 한 알

봄 햇살에
가지마다 수줍은 듯
분홍 꽃 매달아
길섶을 밝히더니

스쳐가는 고운 얘기
듣고 품어서
주렁주렁 매달았네
탐스런 열매들

한 입 꼭 깨물면
간밤을 뒤척이던
걱정거리 사라시고

복사꽃 환하게 또다시 피네

옥잠화 앞에서

봄 오니 촉수 틔어
초록 손바닥 펼치더니
줄기마다 하얀 비녀
고이고이 품었다가

어디선가 알듯 말듯
님 오시는 기척에
동백기름 반질 하게 빗질하고
매끈하게 틀어서
옥비녀 곱게 꽂아
손에 손 맞잡고
강강수월래를 하는구나

기품 있는 여인네들
놀이 정답다

잎새 하나가

잎새 하나 떨어지네

어딘가로 소리 없이 떠나가네
꽃 피우고 열매 맺어
제 할 일 다 하고서
스스로 떠나는 길

힘든 삶 위로가 되어주던
새들의 노래에
향기로운 바람의 속삭임에
실려서
떠나가네

세상 탓 하지 마라

욕심도 집착도 다 부질 없다
떠나는 발걸음
저렇게도 가벼운 것을

자갈치 풍경

가로등도 뿌옇게 졸고 있는
이른 새벽녘 자갈치에는
푸른 바다에서 갓 건져 올린
은빛 생선들이 산 만큼이다

살아 있는 생선들은
살고 싶다고
있는 힘 다 해 파닥거리고

졸린 눈 크게 뜬 사람들은
잘 살아 보겠다고
빠른 손 놀리며 퍼덕거리고

모두 잠든 새벽 자갈치에는
반짝반짝 삶의 활기로

파닥이고!
퍼덕이고!

잡초

꽃나무 둘레에는
항시 풀들이 서성이지
영양제나 거름은커녕
목이 마르다 거나
햇살이 뜨겁다거나
투정 한 번 부리지 않고도
잘도 살아남지

애지중지 사랑 받던
주인공은 이미 집 떠난 지 오래
빈 터엔 반갑잖은 손님들

가뭄에, 비바람에
더 뿌리 깊은 풀
질기디 질긴 삶이다

차마 난 뽑아내지 못하겠다
이왕에 살아남았으니
보란 듯
꽃이라도 한 송이
피워 주면 안 되겠니?

제주 휴양림에서

남루한 도시를 떠나
먼 기억 속 숲으로 간다
맨 살 같은 땅
엄마의 자궁 같은
까마득히 먼 고향

발끝마다 촉촉한 초록 융단
고목마다 휘감긴 탯줄
질기디 질긴 생명줄
이름 모를 작은 새는 노래하며
햇살을 쪼아 나르기에 바쁜
자연의 숨결 살아 숨 쉬는 이 곳

아 어머니
아직은 나를 낳지 말아주세요
허물 같은 찌든 옷 다 벗어버린

맨 몸이 되기 전엔

제주에서 억새가 되어

스스로 조여 왔던 일상
느슨히 풀고
억새 손짓 하는 언덕을 오른다

한 올 한 올 옥죄어온 머리칼 푸니
바람은 부드러운 언어로
헝클어진 머리칼
다정하게 빗질 해주네

넓은 가슴으로 달려오는 바다
그 품에 내가 안긴다
은빛 물고기 따라
녹색 머리칼 찰랑이며
한 마리 새가 되어 날아보네
찌든 속 파랗게 헹구고

곱게 물든 노을 길 걸어 보네
제주의 억새가 되어

제 5 부

조각보 만들기

잘리고 상처 난 조각들이
갈 곳 몰라 헤맨다

빨강, 파랑, 노랑, 초록
색색으로 불러 모아
사이좋게 맞춰 본다

조각 난 아픔들을
박음질 하노라면
너와 나 아픈 상처
아물어 질거나

행여 구겨진 마음도
반듯하게 쓰다듬어

온 가족 둘러앉은
두레상을 그린다

조막손 사랑

손녀랑 놀다가 현관문 나서는데
"할머니 이거 집에 가면서 먹어"
고마운 맘
깨어질라 사라질라
고이고이 쥐고서
집에 와 펼치니
네모난 휴지 속
고깔과자 다섯
콧잔등 시큰
눈시울 붉어지던
먼 산에 걸쳐진 노을 보면
그 생각나

아이도 가끔씩
할머니랑 같이 하던
그림 놀이 숨바꼭질
생각이 날까

준비 없는 이별

예상치 못한 이별은
얼마나 가슴이 아픈가

꽃잎 소리 없이 지던 날
나비 날개 접고
하염없이 울었을까

구름 가까이 모여들면
비 내릴 줄 알지만

꽃들은 어딘지 모를 곳에서
사랑하는 이 들의 이름을
애타게 불러도
와 닿지 못한 이름들

팽목항은 말이 없고
지켜주지 못한 우리들 가슴
피 멍으로 얼룩진다

지하철에서

잔뜩 흐린 날
지하철을 타고 간다

맞은편에 앉은 남자
크게 하품한다
그 뒤에 보이는 아파트도
낮게 엎드리며
단잠에 들고
멀리 있던 하늘이
조용히 내려앉는다

수평으로 난 길 위의
무표정한 얼굴들

드디어 도착 신호
우루루 소나기처럼
쏟아지는 사람들

찻잎을 따며

봄 햇살 아롱아롱 춤추는 한나절
산자락 타고 노는 초록 나비 떼

시냇물 졸졸 졸졸 노래 소리 들으며
밤에는 달빛에 안겨 꿈을 꾸다가

문풍지 우는 날에 살며시 찾아오렴
마른 가슴 적셔 줄 그윽한 꽃무리여

처방전

요즘은 두 살 버릇이 여든까지 간단다

첫돌 지난 손녀가 모기한테 한 방 물렸다
손녀를 달래느라
"울 애기를 누가 물었어, 못된 모기 때치"하며
방바닥 때리는 시늉을 했다
며느리가 정색을 하며
"어머니, 안돼요" 한다
며느리한테 한 방 물리고 나서야
아! 그렇지
앙갚음 하라고 가르치다니

한 잎 한 잎 생각들이 자라고
한 톨 한 톨 씨알 같은 말 배우는 이즈음
싫어, 미워, 요런 말 말고
사랑해, 고마워, 미안해 이런 말들
마음속에 꼭꼭 심어 주리라

며느리한테 한 방 물린 날
보약 같은 약 한 첩 처방 받는다

추억을 사 오다

옛정을 만나러 간 고향 오일장
인심 좋은 얼굴 속에 만난
손잡이 달린 대소쿠리
반가운 마음에 얼른 샀다

냉장고가 없던 시절
보리쌀 삶아 처마 끝에 걸어두면
쥐도 먹고 사람도 먹고
엄마는 삼베 조각으로
또 뚫을지도 모르는 구멍을 깁곤 했었지

추억 하나 사 들고 집에 오는 길
골목어귀 버려진 때 묻은 소쿠리 하나
어떤 이는 추억을 버리고 가고

나는 또 추억 하나를 사가지고 오네

친절한 안내문
– 쑥이 아니라 국화랍니다

공원 산책길에 걸어둔 팻말 하나
"쑥이 아니라 국화랍니다"
누가 이리 예쁜 말 걸어 두었나

이른 봄 돋아난 잎새는
쑥이라고 오해도 받았겠지
캐 가기도 했나 보다

어느 고운 이의
친절함 덕분에
여기저기 국화꽃 망울 속에
별처럼 돋아나는 어여쁜 말들

공원길이 환하다

탄생

발길도 뜸한 한적한 골목길
삶의 고통처럼 쩍쩍 갈라진
오래된 콘크리트 틈새에
민들레 한 포기
가엾고도 어여뻐라

모진 비바람 이겨내고
몇 이파리 가녀린 대궁 위에 피워 올린
민들레 홀씨
보름달보다 더 꽉 찬 만삭을 보네

숨죽이며 가까이 다가가 보니
달님도 대견해
살며시 어루만지고 간다

이내 몸을 풀겠지

아기 울음소리가
마냥 그리운 날이다

탱자

감기에 좋다며 건네준
노오란 탱자 몇 알
방안 가득 은은한 향기로
탱자나무 울타리가 된다.

학교 가는 골목길엔
하얀 탱자 꽃 피어
우리가 나눈 싱그러운 얘기들
오롯이 향기로 남아
탱글탱글한 웃음 날리던
그때 생각하면

감기는 저만치 물러나 있네

폭염

불덩이 이글거리듯 뜨거운 여름 한낮
일터에서 돌아온 경비원 할아버지
반 백 년을 함께한 할멈보다
꽃 안부가 궁금했다

불같은 할아버지 성화에
속옷 차림으로 길에 뛰어나온 할머니

"나 오늘 화초에 물 안 줬다고 영감한테 쫓겨났어"

누군가 할아버지 한 눈 팔 때
살짝 들어가 보시라고 권 한다
잠시 후 다시 나온 할머니

"나 또 쫓겨났어 하하하"

마음이 천진한 할머니는
땡볕에 피어난 채송화 같은데
할아버지 시든 마음은
이미 지쳐버린 나팔꽃처럼
한동안 깨어날 줄 몰랐네

할머니의 귤 봉지

플라스틱 슬리퍼를 신고서
병원 가다 눈길에 넘어진 할머니
털신 신겨 드리며
조심하시라며 보냈는데
잘 다녀 가셨을까
걱정하다 까맣게 잊고 지냈다

몇 년이 지난 뒤
얼굴도 잘 기억나지 않는
할머니 한 분
그때 너무 고마웠다며 건네주신
까만 봉지 속 귤 몇 알
따뜻한 마음이
작은 알갱이마다
알알이 박혀 있었지

해국海菊 앞에서

어느 해안가 바위틈에서
해풍에 몸 씻고 파도 소리 장단 맞춰
갈매기 노래 가락에 젖어 살던 네가
섬 처녀 뭍으로 시집오듯
먼 길 건너 나의 화단에 찾아왔네

봄 꽃 현란하게 온갖 수다 다 떠는 동안에도
넌 표정 없는 침묵으로 애를 태웠지
뜨거운 여름날 날마다 한 잔 물로 말을 걸어도
향수에 젖어 꿈쩍 않더니

하늘이 파랗게 짙어오고 기러기 찾아드는
시월 어느 날
기다림에 지친 나에게
반가운 미소로 벙글더니
하얀 구름 철썩이는 쪽빛 바다 향해
그리움 수놓는 보랏빛 섬 색시여

햇살이 머물다 간 자리

걸어가는 길 위에
큰 바위 하나 가로 막아
오도 가도 못하고 섰을 때

한 마디 말이
수 천 개의 빛살로 다가와
바닥으로 무너지는 마음
다시 일어나게 하였네

선물 같은 말 한마디
종소리 되어 울러 퍼지는 길을
맘속에 되새김하며
걸어가고 있다

길이 환하다

행복이란

행복은 멀리서 오는 게 아니더라
꽃이 피기를 기다려 물을 주는 맘속에도 있고

행복은 커다란 게 아니더라
태어날 아기를 기다리며
배냇저고리에 어울리는
작은 단추 하나 고르는 순간에도 있으니

행복이란
부피로, 무게로, 욕심껏 얻어지는
그 무엇도 아니더라

노을 지는 강가를 거니는
노부부의 편안한 미소 같은 것

맘속에 일렁이는
잔잔한 물결이더라

흔적

요양 병원에 이모 뵈러 간 날
엄마가
언니야, 언니야
부르고 또 불러도
내가 들고 온 추억 보따리
다 풀어 놓아도
작은 바람 하나 일지 않고
살가웠던 정 어디로 날아갔나

동생도, 조카도
찡그리 외면하는 저 낯 설음

안타까운 마음이 묻는다

"나 다섯 살 때 언니 니가
 꼬집어 요 콧잔등에 흉터 생겼잖아"
"어디 내가 그랬길래
니가 자꾸 긁어 덧나서 그랬제"

굳게 잠긴 문
딱 맞는 열쇠 하나는 있었구나

| 작품해설 |

시적 아름다움과 긴장감

■ 변종환 ■
- 1967년 출판사 기획시집 『水平線 너머』(親學社) 상재,
1971년 무크지 『白地』 등 작품 활동
- 現, 부산진구문화예술인협의회 회장,
한국현대문학작가연대 부이사장, 한국현대시인협회 이사,
부산광역시문인협회 제16대 회장, 부산시인협회 제10대 회장,
한국문인협회 이사, 국제 PEN 한국본부 이사, 부산예총 감사 등 역임
- 시집 『우리 어촌계장 박씨』(2002, 다층)
『풀잎의 잠』(2010, 두손검) 『풀잎의 고요』 등 8권
- 산문집 『餘滴』 『釜山詩文學史』 등 4권

| 작품 해설 |

시적 아름다움과 긴장감
― 이춘화 시집 『봄꽃의 노래』를 읽고

변 종 환
(시인 · 부산광역시문인협회 제16대 회장)

  일반적으로 시는 아름다운 것이라고 말한다. 그러나 우리가 그 아름다움이 구체적으로 무엇인가를 물었을 때 답은 간단치 않다. 사실 아름다움을 명확하게 지시하는 것만큼 어려운 일도 드물다. 대부분의 사람들은 자신을 적당히 감상적으로 만들어주는 것, 정서의 상태를 막연하게 환기해주는 것, 낭만적 기분이 들게 하는 것, 예를 들어 그리움이나 사랑, 슬픔, 따뜻함 등을 느끼게 하는 표현이 시적이라 여긴다. 이와 같은 생각이 시에 대한 일반적 통념이다. 시에 대한 이러한 통념은 시가 적당하게 감정적 포즈를 취한 '예쁜 말'로 이루어졌다는 편견으로 이어진다. 이는 아주 좁고 소박한 범주에 시를 가두는 것이며, 시가 내포하는 치열함이나 위대한 정신을 축소시키는 일이라 할 수 있다. 시에 대한 이러한 편견에 빠져 있는 사람은 실험적이고 전위

적인 작품에 배타적 감정을 갖게 될 가능성도 있다. 아울러 시 읽기를 통해 매번 엷은 감상성을 얻거나 막연한 위안을 얻는 정도만을 기대해온 독자의 관습적 태도가 누적될 때 시는 예쁜 말로 치장된 사치스러운 언어로 인식되는 것이 당연할지도 모른다.

이러한 시 읽기의 태도는 생의 다양한 국면을 인정하지 않는 것과 연관된다. 삶의 방식은 헤아릴 수 없이 많은 경우의 수를 내포한다. 시인의 고뇌는 삶의 다양한 국면과 복잡하게 얽혀 있으며 시는 이 모두에 개방되어 있는 장르이다. 그렇다면 시가 추구하는 바도 다양할 수 있는 것이다. 그럼에도 막연한 아름다움에 시를 가두어놓는 것은 복잡한 세계를 지나치게 단순화하는 일이라 할 수 있다. 삶의 방식이 다양하듯이, 시 또한 그 다양한 방식과 호흡하는 장르라는 사실을 기억할 필요가 있다. 따라서 시인은 예쁜 말로만 시를 쓰지 않는다. 시인은 때로 의도적으로 독자의 혐오감이나 불쾌감을 자극할 수도 있으며, 그러기 위해 욕설이나 비속어도 사용할 수 있다. 강조하건대 우리가 시는 아름다운 것이라고 말할 때 아름다움은 달콤하고 예쁜 말을 뜻하는 것이 아니다. 프란시스코 고야(Francisco Goyay, 1746~1828)나 에드바르트 뭉크(Edvard Munch, 1863~1944), 살바도르 달리(Salvador Dali, 1904~1989)의 기괴한 그림을 명화라고 인정하면서 왜 유독 시에 대해서만큼은 한결같이 우아하고 품위 있는 목소리만을 받아들이고자 하는지 생각하게 된다. 이는 시적 아름다움에 대한 완강한 선입견이 그만큼 강하게 뿌리를 내렸기 때문이며 회화와 달리 실험적

시를 접할 기회가 거의 없었기 때문이기도 하다.

 시적 아름다움은 한 마디로 말해 '긴장'을 의미한다. 긴장을 상실한 언어는 연과 행갈이가 되어 있다 하더라도 엄밀하게 말해서 시라 할 수 없다. 느슨하게 풀어져 아무런 자극을 줄 수 없는 말은 수다나 객설 혹은 하소연에 불과하다. 시적 긴장감은 치열한 상상력의 소산이다. 그렇다고 해서 무조건 과격한 언어를 남발한다고 해서 시적 긴장감이 얻어지는 것은 아니다. 시적 긴장은 감정의 무차별한 배설이 아니라 그것을 적절하게 절제하는 데서 얻어진다. 말을 적게 하고도 그 뜻이 풍부함으로 넘쳐날 수 있다면 그것은 시의 묘妙에 다다른 말의 진경일 것이다. 시는 말할 수 없는 것을, 말하기 어려운 것을 말로 되살려낸다. 그러기 위해서 시인은 남김없이 말하지 않는다. 남김없이 말하는 것은 시가 아니다. 말을 감추고 그 뜻을 숨김으로써, 그리고 숨겼다는 사실을 내비치면서 언어화하기 어려운 것의 본질에 시는 도달한다. 이는 시의 길이가 무조건 짧아야 한다는 것을 의미하는 것이 아니다. 중요한 것은 길이가 아니라 표현된 말들이 일으키는 파문의 힘이다. 그 파문의 힘이 문면에 드러나지 않은 침묵까지도 능숙하게 경영할 때 시다운 시가 탄생하는 것이다. 거칠고 비속한 언어일지라도 그것이 인간의 진실을 드러낼 수 있는 팽팽한 긴장감을 지니고 있다면 그 언어는 예쁜 말보다 훨씬 가치 있는 시의 언어가 될 수 있다.

 이춘화 시인의 첫 시집 『봄꽃의 노래』는 5부로 나뉘어 총 76편의 시를 담고 있다. 시 한편 시 한연 시 한행이 마치 시인이 갖고 노는 색색의 공처럼 허공중에 둥둥 떠다닌다. 그러나 가볍지 않고 묵직함으로 시의 몸을 부양하고 있는데 세상에나 하는 감탄사가 절로 내뱉어짐은 분명 땅바닥으로 떨어질 것을 알고 던진 그 시가 그 시의 연이 그 시의 행이 그대로 고스란히 떠 있는 믿기 힘든 시적풍경을 경험하게 해주기 때문이다. 이춘화 시인은 경남 고성에서 출생하여 2007년 《부산시인》 시부문신인상으로 등단하였다.

  이춘화 시인의 이번 시집은 그야말로 허공 갖고 놀기다. 텅 빈 채 모든 것을 담아내는 허공처럼, 허공을 주무르는 허공의 주인공처럼, 공空의 상상력을 바탕으로 펼쳐지는 자유로운 형식의 시편들은 시인 자신이 오랫동안 관심을 두었던 생태적인 문제에서부터 인연 등 불교적인 화두에 이르기까지 그 어떤 구분을 두지 않은 채 제멋대로 뒤섞여, 그러나 나름의 구조적이고 논리적인 질서를 유지한 채 작금의 이 세계 면면 곳곳의 '어제'와 '오늘'을 일말의 감정적 동요 없이 아주 건조하게 그려내는 데 성공하고 있다.

    비가 온다

    양철 지붕 건반 내딛고서
    여리게 세게
    음표를 매달고 오네

    엄마는 부엌에서
    방아 잎 넣고 부추 전 부치시는가
    고소한 소리

저 건너 무논에
개구리 울음
질펀하게 깔리면

울 아버지 마루에 앉아
노란 볏짚으로 새끼 꼬시더니
쑥대머리 한 소절 섞어
옹골진 둥구미˚ 하나 만들어내신다

엉덩이 깔고 앉아 새끼줄 빼느라
회색 재건복 바지 나달거림에
옷 떨어지니 그만 좀 하라는
엄마의 잔소리도
빗속을 타고 들려 오네

*둥구미 : 쌀 등 곡식을 담는 짚으로 만든 그릇

— 「그 소리가 그립다」 전문

  외부인이 차단된 공간에 혼자 앉아 피눈물을 짜내며 무언가를 적고 있는 사람이 있다면 그는 자기 마음속에 있던 시의 언어들을 이 세계로 쏟아내는 사람이다. 그가 적고 있는 말들이 조잡하고 거칠지라도 그는 분명 짓눌린 자기 자신을 그 말들을 통해서 세계 밖으로 끄집어내고 있는 것이다. 이 고통의 출발점은 매우 근원적이라 할 수 있는데 '나는 누구인가?'라는 물음이 담겨 있기 때문이다.

  "비가 온다/ 양철 지붕 건반 내딛고서/ 여리게 세게/ 음표를 매달고 오네/ 엄마는 부엌에서/ 방아 잎 넣고 부추 전 부치시는가"라고 묘사했듯이 이춘화 시인은 언제나 평범한 가운데서 어제도 가고 오늘도 가야 할 언제나 새로운 그만의 길을 만들어가는 창조적 성격의 소유자이기도 하다. 그의 직업 역시 아름다움을 창조하는 특이한 사업을 하고 있다.

  동·서양에서 말하는 '길'은 통로, 방향, 순환의 의미를 가지는 동시에 형이상학적 개념인 이성, 도덕 등을 의미하며 행정 구역을 뜻하기도 한다. 또한 길을 가면서 우리는 여태 경험하지 못했던 세계와 마주치며 진정한 자신의 모습을 발견하기도 한다.

  시인은 이 시집 서두 '시인의 말'에서 이르기를 "시를 쓰는 마음은/ 화분에 씨를 뿌려/ 꽃을 피우는 일과 같음을/ 황혼길 접어들고서야/ 알게 되었다// 꽃 한 송이 피워놓고/ 창창 푸른 꽃밭을/ 그려보는 일은// 아직 더 써야 할/ 마음이 남았다는 뜻이리라"고 했다.

  아름다운 시는 영원한 기쁨이라 사람들의 소원인 미美를 가꾸며 그렇게 가다보면 어느 날 원하는 곳에 도착해 있을 것이다. '나는 누구인가?'라는 물음으로 시작한 시인은 끝내 자신이 원하는 곳에 도달하는 가능성의 시인이 되어있을 것이다.

    사람을 미워하는 것은
    사랑하는 것보다
    훨씬 괴로운 일이다

꽃도 그렇다
싫은 듯 내버려 두면
시든 몸짓으로
내 맘마저 시들고

가려운 곳 목마른 곳
쓰다듬고 사랑 주면

환한 미소로 물 조리 들고 다가와
메마른 가슴 촉촉이 적셔 준다

아무리 미운 사람도
사랑하고 볼 일이다

—「꽃이 전하는 말」전문

  우리나라 시인들은 시 작품 속에 '꽃'이라는 언어를 즐겨 쓴다. 이 '꽃'이라는 언어는 동적動的이라기보다는 정적靜的인 것이기 때문에, 결국 우리 시인들은 시의 표출 과정에서 힘과 흐름의 작용을 거느린 동적 이미지를 중요시한 것이 아니라, 고요하고 묵상형의 정적인 이미지를 중요시한 것이 사실이다. 우리의 시가 묵상형의 정적인 이미지를 즐겨 쓴 가장 큰 이유는 삼국시대부터 우리 민족의 정신문화를 지배하고 지탱해 온 불교나 유교의 영향이 아닐까 생각된다. 우리 문학 작품 속에는 어느 나라보다 꽃을 소재로 했거나, 꽃이라는 언어를 시적인 대상으로 선택한 것이 많다. 신라의 헌화가에서부터 소월의「진달래꽃」, 미당 서정주의「국화 옆에서」에 이르기까지 꽃이라는 아주 정적인 이미지를 시적 오브제로 선택한 것은 얼마든지 있다.

 5월 들판을 거닐면 그 이름 때문에 더 애처롭게 여겨지는 꽃, 꽃 이름을 불러보면 슬며시 입가에 웃음 지어지는 꽃들이 시인에게는 자연이 주는 선물이자 삶의 표징이 된다. 셰익스피어(William Shakespeare, 1564~1616)는 시인과 광인과 사랑에 빠진 자를 동일하다고 말한다. 이들의 공통점은 비정상적 사유와 행동에 있는 것이 아니다. 공통점은 이들이 정상과 비정상의 공식화에 의해 구축된 '체제' 밖으로 밀려난 존재라는 점에 있으며, 때로 체제를 공격하고 위협한다는 데 있다. 이 일탈의 세계에서 외로움과 고독을 무릅쓰면서 시인은 자신의 왜소함을 치유하고 존재의 정당한 가치를 되찾지 않으면 안된다. 그렇기 때문에 그는 무엇이든 써야만 한다. 펜 끝으로 자신을 구원하기 위해.

 "애기똥풀도 모르는 것이 저기 걸어간다고/ 저런 것들이 인간의 마을에서 시를 쓴다고" 안도현 시인의 「애기똥풀」 시 한 구절이다.

  길 가다 멈춘 곳
  어린이 집 울타리에
  잘 영근 나팔꽃 씨앗 받으며
  "여기 나팔꽃 예뻤던가요?"
  유모차를 끌고 가는 새댁에게 물었지
  "네 붉은색인데 참 예뻤어요"

  지금 꽃밭에선

멀리서 따라온 나팔꽃
　　걸음마 한창이다

　　대 세우고 길 내어 주지만
　　가끔은 길을 잃고 헤맬 때도 있어
　　손잡아 다시 일으켜
　　바른 길로 이끌어 주는 건
　　내 소박한 즐거움

　　그때 유모차에서
　　방긋 웃어주던 아가도
　　엄마가 터주는 길을 따라
　　아장아장 걸어가고 있을까

　　　　　　　　　　　　　－「나팔꽃 길에서」 전문

　시는 시인의 무의식이라는 바위틈을 비집고 샘물처럼 솟아오르는 정열이다. 기호로 쓰여진 시는 시인의 무의식이 느낀 감정과 통찰을 시문법과 규칙에 의해 정리해 놓은 것이다. 시는 밤하늘의 별처럼 드러난 기표이지만 별은 밤하늘의 배경이 없으면 그 생생한 모습이 사라진다. 한 시인의 무의식은 그가 자라난 배경에서 형성된다. 인간의 아니마가 유년시절에 형성되듯 무의식도 어린 시절에 각인된 풍경과 삶의 체험에 의해 주로 형성된다. 트라우마(Trauma)로서의 경험은 한 개인의 마음에 일생동안 화인火印을 남긴다. '언어는 의식과 무의식을 동시에 비추고 있는 거울이다.'라는 주장을 수용하기로 하고 시인의 심상心象을 가장 잘 드러내는 이 시편을 살펴보자. 나팔꽃의 이미지는 원인이 되는 실체가 아니고 실체가 비춰진 현재의 결과물일 뿐이다. 그런데 우리가 이것을 착각해서 눈앞에 비춰진 모습이 진짜이고 전부인 양 믿고 행동한다면 얼마나 우스운 일이 벌어질까. 그래서 "지금 꽃밭에선/ 멀리서 따라온 나팔꽃/ 걸음마 한창"인 것이다.

  소설가 김훈은 우리의 생활세계를 밥벌이와 지겨움으로 요약한다. 틀리지 않은 말이다. 밥벌이는 모든 가치에 우선한다. 아니 밥벌이는 모든 가치를 짓밟는다. 생존권을 보장받는 근본 행위이기 때문이다. 이로부터 자유로울 수 있는 사람은 아무도 없다. 밥벌이는 냉정하게 말해 자신의 노동과 정신과 마음을 파는 행위이다. 때로 자존심과 양심을 팔아야 가능하기도 하다. 이때 우리의 가면 뒤에 숨겨진 얼굴은 구겨지고 일그러진다. 구겨진 얼굴로 우리는 웃는다. 화난 얼굴로 웃는다. 우는 얼굴로 웃는다. 속악하고 비천한 세계와 악수하며 밥을 구하고 안정을 구하고 가족을 구한다. 지겨워도 끈질기게 해야 하는 의무이며 책임인 밥벌이. 그런 가운데 우리의 정신은 점점 왜소해진다. "대 세우고 길 내어 주지만/ 가끔은 길을 잃고 헤맬 때도 있어/ 손잡아 다시 일으켜/ 바른 길로 이끌어 주는 건/ 내 소박한 즐거움"

    생전에 아버지 좋아하시던 자색 국화
    향기 품어 피었구나

막내야 술병 가져 오너라
밥상머리에 반주 따라 다녔지

엄마는 아침마다
국화 화분에 쌀뜨물 한 사발
정성 가득 막걸리 한 잔

돌아가셨어도 변함없는
엄마의 사랑

국화꽃 얼큰하게 취해서 피는구나

— 「막걸리 한 사발」 전문

'홍류동 계곡'은 가야산국립공원 입구에서 해인사에 이르는 약 4km의 계곡을 일컫는다. 홍류동이란 이름은 봄에는 꽃으로 가을에는 단풍으로 계곡에 붉은 색채가 비친다하여 붙여진 이름이다. 계곡의 울창한 숲이 아름다울 뿐만 아니라 산골짜기를 흘러내리는 물소리가 운치를 더해준다. 계곡 입구의 제시석에는 신라시대의 문인 최치원이 지은 한시가 새겨져 있으며, 그 주변에는 영자각·농산정 등 곳곳에 최치원의 발자취가 남아 있다. 주변에 가야산국립공원·해인사·청량사 등의 관광지가 있다. 주위의 송림사이로 흐르는 물이 기암괴석에 부딪히는 소리는 고운 최치원 선생의 귀를 먹게 했다하며, 선생이 갓과 신만 남겨두고, 신선이 되어 사라졌다는 전설을 말해주듯 농산정과 시구를 새겨놓은 큰 바위는 문학사적으로도 의미가 있다.

"농산정에 올라/ 옛 시인의 시를 읊다보면// 따라오던 무더위/ 저만치 멀어지고//계곡에 발 담그면/ 아득히 들려오는/ 산사의 종소리" 이 시는 시인들이 자신의 고향을 사랑하는 애향심의 깊이를 잴 수 있는 척도이기도 하다.

「홍류동 예찬」은 농산정 맞은편에 우암 송시열(1607~1689)이 지은 시 속에 더욱 강하게 새겨져 있다. "첩첩산을 호령하며 미친듯이 쏟아지는 물소리에(狂噴疊石吼重巒) 사람의 소리는 지척 사이에도 분간하기 어렵네(人語難分咫尺間) 시비하는 소리 귀에 들릴까 두려워(常恐是非聲倒耳) 흐르는 물소리로 산을 모두 귀먹게 하는구나(故敎流水盡籠山)" 곡예하듯 바위틈을 넘나드는 홍류동 물줄기는 어떤 이가 보면 노래 가락 절로 나와 흥을 돋우고, 다른 이가 보면 구슬픈 울음소리로 들린다. 「막걸리 한 사발」, 이 시를 읊으면서 홍류동 계곡과 고운 선생을 생각하는 연유는 무엇일까 곰곰 생각해본다.

　엄마의 첫 기일에
　찾아 간 매미성
　해는 넘어 가고
　보름달 둥실 떠올라

　생전에
　구름 한 자락 지나 갈 때마다
　술술 읊으시던 시조 한 가락

　"구름아 달 덮어라

부모 형제 날 생각한다"

　오늘은 구름 한 점 없네요

　그토록 무서워하던
　태풍 매미 휩쓸고 간 자리
　다시 고요한 바다
　달빛 속에 온화하게
　엄마 얼굴 비칩니다

　오늘은 구름 한 점 없습니다
-「매미성 앞바다」 전문

　정현종 시인은 「방문객」에서 "사람이 온다는 것은 실로 어마어마한 일이다" "한 사람의 일생이 오기 때문이다"라고 시를 썼다. 사람이 사람을 통해 맺어지는 인연, 한 사람의 인연으로 살아가며 생을 열어간다는 것, 그것으로 행복을 나눌 수 있다는 것은 실로 어마어마한 사건이다.

　"엄마의 첫 기일에/ 찾아 간 매미성/ 해는 넘어 가고/ 보름달 둥실 떠올라// 생전에/ 구름 한 자락 지나 갈 때마다/ 술술 읊으시던 시조 한 가락// "구름아 달 덮어라/ 부모 형제 날 생각한다"// 오늘은 구름 한 점 없네요"

　이춘화 시인에게 인연은 그리움이자 음악이며 풀잎에 맺힌 영롱한 이슬이었다가 밤하늘의 별처럼 빛나는 욕심 없는 그의 전부이리라.

　노자는 이렇게 말한다. "옛날부터 하나를 얻어서 된 것들이 있다. 하늘은 하나를 얻어서 맑고, 땅은 하나를 얻어서 안정되며, 신은 하나를 얻어서 영험하고, 계곡은 하나를 얻어서 채워지며, 만물은 하나를 얻어서 산다. 昔之得一者, 天得一以淸, 地得一以寧, 神得一以靈, 谷得一以盈, 萬物得一以生.″(노자, 『도덕경』 제39장)

그 하나가 무엇인가? 시인은 삶의 길목에서 홀연 그 하나를 얻었다. 시인의 내면에서 눈뜬 것은 명明이요, 관觀이다. 눈이 열리니, 생명우주의 광대무변한 운용 속에서 작용하는 실로 어마어마한 인연을 홀연 얻게 된 것이다. 그래서 랭보는 시인을 견자見者라고 했던 것일까.

매화는 추운 시련 겪고 나와
알싸하고 맵싸한 향이 있고
국화는 한더위에 무르익어
달콤하게 농익은 향이 있지

꽃이야 한 계절 지나고 나면
그 향기 사라지지만

사람은
좋은 사람의 향기는
마음속에 오래오래 머물러
계절이 지나고 세월이 흘러도
곰삭아서 더욱 진한 향으로

마르지 않고 솟아나는 샘물처럼

가슴속에 고여 있는
그대의 향기

-「사람의 향기」 전문

아무런 감흥도 없이 그냥 지나쳤던 사물과 풍경이 어느 날 갑자기 울컥 아프게 다가올 때가 있다. 어느 저녁의 노을, 카페의 불빛, 사람들의 웃음소리, 길을 천천히 지나가는 노인과 개, 단풍들, 멀리서 보이는 나의 집, 바람, 낡은 엽서……. 나와 풍경이 하나의 정념 속에서 반죽되는 시간이다. 이 순간 존재는 모든 소란과 잡음으로부터 분리된 채 풍경과 반죽된 자아에 몰입한다. 황홀하게 독이 스미듯 그 정념은 쓰고 달콤하다. 이춘화 시인의 「사람의 향기」는 이러한 순간을 고백한 시이다.

하나의 정념 속에 젖어든 시인에게 기교나 수사는 거추장스러운 허위일지도 모른다. 장식이 제거된 담박함 속에서 모든 것은 얇은 바람에도 흔들리는 풍경화風景畵일 뿐이다.

화가의 그림을 유심히 관찰하면 화폭 속에서 여러 가지 색채들이 서로가 서로를 비춘다. '되비춤(reflection)'이란 물리적으로는 '반사'가 되지만, 철학적으로는 '반성'이다. 비추는 반사작용은, 그것이 하나의 사물에서 다른 사물을 '드러낸다'는 점에서, 조응(correspondence)이고 화응和應이다.

하나의 사물이 다른 사물을 비춘다는 것은 서로 조응한다는 것이고, 이 조응관계를 생각하는 것은 철학적 반성이다. 사물의 호응관계를 좀 더 오래, 그래서 더 깊게 생각하는 것이 관조나 명상이 될 것이다.

관조는 아리스토텔레스적 의미에서 '가장 좋고 즐거운' 일이다. 관조에는 그 대상은 필요 없기 때문이다. 관조는 그 자체로 족하고, 그래서 혼자서도 할 수 있다. 그것은 홀로 진리를 생각하는 가운데 자기를 넘어 신적인 것으로 넘어가는 자족적인 일이다. 그래서 행복한 활동이다. 아리스토텔레스는 『니코마코스 윤리학』에서 썼다. "더욱 관조하는 사람일수록 더욱 행복하다."

　"좋은 사람의 향기는/ 마음속에 오래오래 머물러/ 계절이 지나고 세월이 흘러도/ 곰삭아서 더욱 진한 향으로// 마르지 않고 솟아나는 샘물처럼/ 가슴속에 고여 있는/ 그대의 향기"

　시인이 지금 여기의 삶에서 여기를 넘어 더 좋고 더 나은 것으로 나아가는 일은 얼마나 즐겁고 행복하면서도 동시에 신적인가? 시를 쓴다는 것은 신적 삶을 닮은 가장 행복한 길이 아닐 수 없다.

　　거센 비바람 몰아치던 날
　　지상의 생명 있는 모든 것
　　사시나무 떨 듯 하고
　　나 또한
　　창문에 눈을 걸고
　　건너 아카시아 나무 붙잡고 있다

　　큰 나뭇가지 하나 툭 부러지네
　　내 심장도 덩달아 쿵

작은 나뭇가지에 지은 까치집
　　서커스단 곡예 하듯
　　이쪽 저쪽 심하게 흔들려
　　꺾일라, 무너질라
　　노심초사 하였더니

　　찢기고 꺾인 나뭇가지 틈새에
　　까치둥지 그대로 남아있어
　　무서운 태풍도
　　그들의 단단한 사랑
　　차마 앗아가지 못하는구나

– 「사랑의 힘」 전문

　모든 존재들은 시간의 경과에 따라 적멸에 가까워진다. 그것은 분명 완성을 보여주는 것이다. 그러나 전체적으로 볼 때 그것은 자연적 질서 속에서의 완성, 즉 우주적 시간이라 할 수 있는 순환적 시간 구조 속에서의 필연적 완성임을 우리는 알 수 있다. 승려 시인 정휴正休스님이 2000년에 펴낸 『적멸의 즐거움』에 보면 역대 대덕 고승들의 마지막 행동과 말씀들이 마른 땅을 적시는 촉촉한 가을비처럼 주옥같이 적혀있다. 그들 역대 선사들은 자신의 죽음을 예견하고 마치 여행을 떠나듯 홀연히 적멸寂滅의 세계로 유유히 걸어 들어가고 있다. 적멸이란 불교에서 죽음을 가리키는 말이다. 오래 묵은 대나무 줄기에서 새순이 돋아나고 고목의 가지에서 새롭게 꽃이 피는 것은 모두 텅 빈 진리에서 생겨나는 현실의 모습이다. 이렇듯 삼라만상이 있는 그대로 청정한 적멸의 모습인 것이다.

"이쪽 저쪽 심하게 흔들려/ 꺾일라, 무너질라/ 노심초사 하였더니// 찢기고 꺾인 나뭇가지 틈새에/ 까치둥지 그대로 남아있어/ 무서운 태풍도/ 그들의 단단한 사랑/ 차마 앗아가지 못하는구나"

봄 숲에 봄비 내리는 소리를 들으며 어린 나뭇잎이 돋아나는 모습을 보면서 가족, 어머니, 아버지, 사랑, 부활이란 말들을 생각한다. 이제 시인에게 사랑은 삶의 원천이다. 굴곡의 생을 살아온 시인에겐 따뜻하고 인자하신 가족의 모습이 더욱 가슴에 드리울 것이다.

    이태원 가구 거리에
    고가구 수리공

    낡아서 떨어져 나간 부분을
    닳고 손 때 묻은
    세월 속 숨은 이야기까지
    불러내고 있었다

    노안을 동안으로 만든다는
    성형외과 광고가
    판을 치는 세상에

    주름지고 해진 시간 속으로
    끊임없이 걷다 보면
    갓 쓰고 담뱃대 문 노인
    만날 수 있을 것만 같다

– 「세월의 흔적」 전문

그늘을 갖지 못한 시, 그늘을 갖지 못한 삶, 그늘을 갖지 못한 사랑은 푸석거리는 먼지와 같다고 했다. 그늘은 빛이 들지 않아서 어두운 상태나 장소를 뜻한다. 시각적으로 어둡게 감지되기 때문에 그늘이라는 단어는 근심과 불행에 빠진 심리적 상태를 지시한다. 그러나 "이태원 가구 거리에/ 고가구 수리공// 낡아서 떨어져 나간 부분을/ 닳고 손때 묻은/ 세월 속 숨은 이야기까지/ 불러내고 있었다"라는 시구처럼 세상의 그늘은 윤기 있는 시와 삶과 사랑을 위해서 중요한 역할을 하는 것으로 나타난다. 시와 삶과 사랑이 반드시 지녀야 할 그늘이란 무엇인가? 여기에서 필요한 그늘은 이분법적으로 따졌을 때, 연상되는 가려진 이면, 어두운 것, 부차적인 것을 가리키지 않는다. 시인에게 그늘은 종속적이면서도 어두운 영역을 나타내는 것이 아니라 오히려 어떤 현상을 이루는 본질이며 핵심이라는 뜻에 가깝다. 어디까지 들어가야 우리의 삶이 한의 굴레를 벗어나고 유년의 기적소리처럼 아련한 생의 냄새로 마음의 위안을 얻을지 가슴 졸인다. 그래서 지난 사물을 바라보는 시인의 시간이야말로 생의 정점이며, 막연하고도 고단한 생을 꿰뚫으면서 드러나는 '본질적인 것'과 대면하는 시간이다. 이 순간의 인지가 시인의 삶을 변혁시키는 '생의 보람'이 아니고 무엇이랴.

봄빛처럼 찬란하고 아름답게 태어난 『봄꽃의 노래』 시집 상재를 경축하며 이춘화 시인의 건재함과 역량을 기대해 본다.

봄꽃의 노래

이 춘 화 시집

초판 1쇄 인쇄 | 2024년 11월 20일
초판 1쇄 발행 | 2024년 11월 30일

지은이 | 이춘화
펴낸이 | 최장락
펴낸곳 | 도서출판 두손컴
주　소 | 부산광역시 부산진구 부전로 35, 301호(부전동, 삼성빌딩)
전　화 | (051)805-8002 팩스 : (051)805-8045
이메일 | doosoncomm@daum.net
출판등록 제329-1997-13호

ⓒ이춘화 2024
값 10,000원

ISBN 979-11-91263-90-9   03810

*저자와 협의에 의해 인지를 생략합니다.
*잘못 만들어진 책은 바꾸어 드립니다.

*2024년 부산진구 문화예술 창작집 발간 보상금을 일부 지원받아 제작 되었습니다.